DES

ACCIDENTS PROFESSIONNELS

ET

De la Réparation du Dommage

PAR L'IMPÔT-ASSURANCE

PAR

CHARLES CORNET

AVOCAT A LA COUR D'APPEL DE PARIS
PROFESSEUR A L'ASSOCIATION PHILOTECHNIQUE

PARIS

L. LAROSE ET FORCEL

LIBRAIRES-ÉDITEURS

22, RUE SOUFFLOT, 22

—

1887

DES

ACCIDENTS PROFESSIONNELS

ET

De la Réparation du Dommage

PAR L'IMPÔT - ASSURANCE

PAR

Charles CORNET

AVOCAT A LA COUR D'APPEL DE PARIS
PROFESSEUR A L'ASSOCIATION PHILOTECHNIQUE

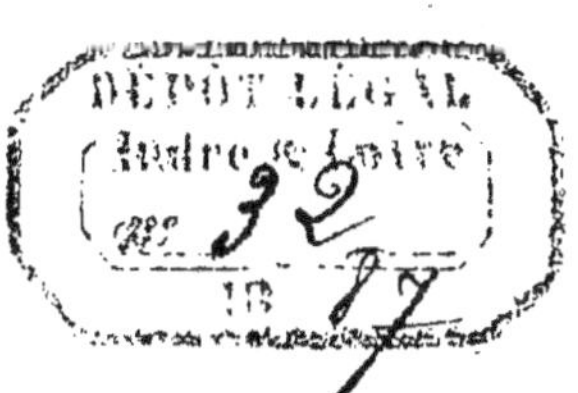

PARIS

L. LAROSE ET FORCEL

LIBRAIRES-ÉDITEURS

22, RUE SOUFFLOT, 22

—

1887

LA SOCIÉTÉ

ET LES VICTIMES DU TRAVAIL

CHAPITRE I

OBSERVATIONS GÉNÉRALES

Un des projets de loi les mieux étudiés, les plus discutés dans les détails est sans contredit le projet de loi sur les réformes à apporter dans la législation actuelle des accidents professionnels. Peu de sujets législatifs ont fait couler plus d'encre et donné lieu à des enquêtes aussi minutieuses et à des rapports aussi complets. Tout le monde est d'accord sur ce principe : la jurisprudence a besoin d'être modifiée dans l'intérêt de l'ouvrier victime d'un accident professionnel ; la procédure a besoin d'être simplifiée, les responsabilités d'être fixées et le préjudice d'être réparé ; il est impossible que, étant donné le développement de l'industrie et le nombre croissant des sinistres, les victimes du travail restent exposées des années entières à attendre misérablement, eux et leur famille, une indemnité qui peut leur être due et qui est la condition même de leur existence.

Quant aux moyens à employer pour réaliser ce résultat, les avis sont plus partagés : chacun apporte ici sa pierre, son système, tellement bien qu'à force de discuter, la loi est encore ensevelie dans les ordres du jour à venir de nos chambres législatives.

Projets sur projets ont été déposés sur le bureau du Parlement ; nous examinerons les principaux dans le cours de cette étude. Ce sont ceux de M. Martin Nadaud ; de M. Henri Maret en 1882 ; de M. Félix Faure, MM. Siegfried et Lyonnais, députés de la Seine-Inférieure ; de M. Peulevey ; de M. Blavier, sénateur ; de M. Lockroy le 2 février 1886.

Il est bon de révéler que l'Académie des sciences morales et politiques s'est mise de la partie ; émue dans sa sollicitude béate et piquée du désir de discuter une question pratique, elle a eu la générosité de ne point laisser échapper l'occasion de nous gratifier de quelques morceaux touchants d'une littérature modèle.

Les jurisconsultes de toutes classes ont émis les théories les plus bizarres et les plus contradictoires ; des commissions de toute nature furent instituées, les chambres syndicales consultées ; tous remirent des rapports, et à l'heure actuelle personne ne s'entend.

Cependant tous ces efforts sont louables ; la condition de l'ouvrier, plus que jamais à l'ordre du jour, est intéressante à étudier sous tous ses aspects. La Société entière doit aider le travailleur, le favoriser dans le développement de son travail, le secourir lorsque les moyens d'existence lui font défaut, et, dans l'espèce qui nous occupe, égaliser les moyens d'action et de défense, et enfin nous verrons plus loin dans quelle mesure l'indemniser des pertes et du dommage qu'il subit dans son travail. C'est au travailleur, en effet, que la Société doit la satisfaction des besoins nouveaux qu'elle s'est créés ; à lui qu'elle doit cette diffusion croissante du bien-être ; par contre l'ouvrier a-t-il vu sa condition améliorée ? peut-il assurer par un travail quotidien son avenir et celui de sa famille ? peut-il mettre sa vieillesse à l'abri du besoin, s'il lui faut compter avec les maladies, les accidents, les crises et les chômages ? Les patrons eux-mêmes cherchent-ils toujours à adoucir la condition de ceux qu'ils emploient, et un antagonisme fâcheux n'existe-t-il pas entre eux ? traitent-ils bien souvent leurs hommes comme des collaborateurs ou ne voient-ils pas plutôt en eux des instruments de travail ? Il importe de détruire d'aussi graves erreurs et de travailler sans relâche à une réconciliation sociale dans le travail, œuvre d'une véritable fraternité dans une démocratie libérale.

Il importe que des syndicats s'établissent, réunissant dans des négociations communes ouvriers et patrons, que l'éducation se développe et que, par elle, patrons et ouvriers s'instruisent de leurs devoirs et de leurs véritables intérêts. Alors seulement ils pourront aborder utilement les questions économiques qui les concernent, s'armer contre la concurrence étrangère, combattre les périls découlant du développement de l'outillage mécanique, réformer les tarifs et les rabais exagérés, étendre l'usage du travail aux pièces en supprimant les intermédiaires tels que les marchandeurs, régler le taux des salaires et les heures de travail.

Il faut que ces réformes se complètent par la création de caisses de retraites établies dans chaque maison par les soins du patron et alimentées par les cotisations facultatives.

Il importe, en outre, de multiplier les écoles professionnelles et d'apprentissage ; les apprentis n'existe guèrent plus et cependant le travail se complique chaque jour ; ils ont fait place au petit manœuvre, qui ne peut dans son travail brutal acquérir l'habileté et l'expérience qui le sacreront bon ouvrier. Il serait à désirer que l'État intervînt et organisât légalement cet enseignement technique qui fait la valeur industrielle d'un pays. Il importe de créer des quartiers ouvriers où les loyers soient moins chers et les logements plus salubres.

Il faut enfin favoriser les associations ouvrières, admettre plus largement l'initiative privée dans les entreprises pour le compte de l'État ; faciliter à l'industrie privée l'accès aux adjudications de fournitures à l'État ; prohiber autant que possible l'emploi de bras étrangers. Alors peut-être, à l'aide de ces réformes organisant le travail sur les bases mêmes de l'égalité et l'évolution continuant sa marche vers l'émancipation complète, viendra un jour où la loi du travail sera la participation aux bénéfices, réalisant ainsi l'union intime du capital et du travail et détruisant à jamais le terrible fléau des grèves.

Tel est le but que la Société tout entière a le devoir absolu d'atteindre et vers lequel elle doit, par l'organe de ses législateurs, concentrer tous ses efforts.

Quant à nous, nons limiterons notre étude à l'examen de la question spéciale des accidents, et, sans oser espérer que notre travail en hâtera la solution définitive, nous aurons du moins la satisfaction d'avoir collaboré à l'œuvre commune et rappelé l'attention publique.

CHAPITRE II

SITUATION ACTUELLE DE L'OUVRIER BLESSÉ

Il n'est pas inutile, avant d'examiner les projets de loi soumis aux chambres et d'indiquer la solution qui nous paraît être la plus équitable, de tracer un tableau sommaire de la jurisprudence actuelle en ce qui touche les accidents professionnels.

Les causes d'un accident peuvent se ramener à trois : la faute du patron ; celle de l'ouvrier ; la force majeure et les risques professionnels.

1°. — *Faute du patron.*

Dans ce premier cas, le patron est responsable, aux termes des articles 1382 et suivants du Code civil ; il doit dès lors réparer le préjudice qu'il a causé, ou sinon la loi fournit à l'ouvrier une action directe contre lui pour l'y contraindre. C'est alors un procès à entamer.

La situation des deux parties en présence est-elle égale dans cette dernière hypothèse ? Nous n'hésitons pas à déclarer que non, et c'est ici que les réformes sont particulièrement urgentes et nombreuses.

Examinons la situation réciproque des plaideurs.

L'ouvrier blessé, revendiquant un droit contre son patron, c'est-à-dire le droit à l'indemnité représentative du préjudice causé, est obligé, en sa qualité de demandeur en justice, de prouver que c'est par la faute du patron, de ses employés ou du mauvais état de son outillage que l'accident est survenu. Ce point est absolument établi dans notre législation (nous verrons plus loin une théorie contraire en matière de preuve et qui a prévalu en Belgique).

Donc l'ouvrier, qui se prétend créancier de son patron du montant des dommages-intérêts qu'il réclame, doit établir sa créance, et prouver le fait qui l'a fait naître.

Quant au patron, il attendra patiemment que l'ouvrier guéri ou non puisse s'occuper de son affaire et l'assigner devant la juridiction compétente.

Quelles difficultés et quels embarras ne subit point alors la victime mutilée ou convalescente ! Ne disposant pas de fonds suffisants pour plaider, surtout après le chômage prolongé et les dépenses de sa maladie, il doit s'adresser à l'assistance judiciaire. Il apprend alors, s'il ne le sait déjà, par combien de bureaux il faut passer avant d'obtenir la faveur de faire valoir ses droits ; combien d'heures il faut perdre dans les couloirs de la mairie et du palais de justice ; quels enquêtes et interrogatoires il faut subir et enfin combien de temps il lui faut attendre la réponse du président du bureau. Après plusieurs semaines il reçoit une lettre lui annonçant que la Société, dans sa bienveillance, lui accorde le droit de poursuivre le sien, et lui désignant un avoué qui sera chargé d'office de conduire la procédure. Nouvelles démarches à l'étude de l'officier ministériel qui n'aime guère dépenser gratuitement son temps et qui assiste bien rarement le plaideur de ses conseils ; cette œuvre de charité est en général le propre des premiers clercs qui se livrent sur l'assisté à des expérimentations judiciaires d'après leurs aptitudes et leur inspiration ; c'est l'hôpital, l'école pratique des futurs magistrats et hommes d'affaires.

L'assignation est enfin lancée ; six mois se sont écoulés déjà ; la procédure s'engage avec les défenseurs du patron, puis, l'affaire étant classée au tribunal, attend son tour dans les cartons pendant dix-huit mois.

C'est à ce moment, trois années après le jour de l'accident, que l'ouvrier doit faire devant ses juges la preuve que trois ans auparavant son patron a été imprévoyant et a commis une faute.

L'enquête à laquelle le demandeur doit faire procéder est forcément impossible très souvent, ou incomplète toujours ; il arrive, en pratique, que les témoins ne peuvent plus être retrouvés, qu'ils ont changé de domicile, qu'ils sont morts, ou que, si le hasard veut bien que certains d'entre eux se présentent, ils ne se souviennent plus de l'accident que d'une manière confuse.

Laissant même de côté ces hypothèses, quels sont les témoins naturels de l'accident ? Ce sont évidemment les contre-maîtres, les commis, les ouvriers même du patron qui, restés à son service, ne déposeront pas contre lui, et dans leur propre intérêt, préféreront garder un silence pénible. Ces témoins ne peuvent pas même être reprochés par la victime lorsqu'ils sont cités à la requête du défendeur. Je sais qu'au moment de l'accident des rapports ont été dressés par les agents de la police judiciaire, que des témoins, impartiaux ceux-ci, ont pu être entendus ; mais ces rapports établis par des hommes incompétents n'ont pas une grande force probante, et, dans tous les cas, commis dans le but d'une répression pénale, ces officiers hésitent, si la faute du patron n'est pas bien caractérisée, évidente pour ainsi dire, à traduire un honnête homme devant la justice correctionnelle. Dès lors ces rapports vagues tournent à l'avantage du défendeur lui-même ; enfin, l'ouvrier n'aura même pas la ressource d'un avocat expérimenté, l'assistance judiciaire confiera son sort à un jeune stagiaire pour faciliter ses premières armes.

Jurisprudence. — Telle est la situation au point de vue matériel. Quant au principe de la faute, est-il suffisamment établi ? Quelques points semblent aujourd'hui indiscutés, en France, tout au moins. Ainsi le patron a le devoir absolu de mettre ses ouvriers à l'abri des accidents ; s'il n'a pas pris toutes les précautions nécessaires, sa responsabilité est engagée. Et il ne s'agit pas seulement des accidents ordinaires, vu la nature du travail, mais encore des accidents possibles, présumables.

Un arrêt de la Cour d'appel d'Amiens du 15 novembre 1883 s'exprime en ces termes : « Le patron doit veiller à la conservation de ses hommes, prévoir les causes possibles d'accident, prendre toutes les mesures pouvant les prévenir ou les éviter, les prémunir contre les effets de leur propre imprudence. »

C'est en se conformant à ces principes que l'on décide que la responsabilité de l'employeur est engagée lorsqu'un employé ayant été blessé à la main gauche par une scie circulaire près de laquelle il travaillait, cette scie, qui était pourvue d'un garde-main du côté de la main droite, ne l'était pas du côté de la main gauche où il a été frappé.

De même, lorsqu'une machine à vapeur n'est couverte par aucun autre organe protecteur que par une bielle mobile qui peut être librement déplacée.

Dans ces cas et autres semblables, la faute de l'ouvrier ne saurait même atténuer la responsabilité qu'autant qu'elle dépasserait la mesure des actes de légèreté et déjouerait toutes les prévisions (mars 1886).

En Belgique, les tribunaux se sont fait une autre conviction sur ce point.

La responsabilité de l'employeur serait encore engagée par suite de l'accident survenu à un ouvrier, quand il n'a pas muni le piston d'une machine à vapeur d'un tube protecteur fixé et permanent, affecté à cet usage.

Spécialement l'entrepreneur doit prévoir le danger résultant de l'existence au-dessus de la tête de son ouvrier d'une ouverture par laquelle peut tomber un objet de nature à compromettre sa sécurité, il doit obvier à ce péril; enfin si l'ouvrier est jeune il doit être, pour le patron, l'objet d'une surveillance, d'une sollicitude particulières.

Mais si tous ces points sont à peu près établis dans les tribunaux, il en est beaucoup d'autres sur lesquels la discussion s'exerce toujours, et d'ailleurs la variété considérable des espèces en cette matière rend la situation de l'ouvrier des plus précaire. La faute du patron peut se combiner avec une imprévoyance imputable à l'homme : de là des divergences sans nombre dans l'application du principe de responsabilité.

De plus l'ouvrier se trouve vis-à-vis de son patron dans une infériorité évidente, en ce qui touche la discussion d'un outillage à la confection duquel il n'a pas contribué, qu'il n'a pas installé, et sur l'excellence ou les défectuosités duquel il est incapable de donner des renseignements techniques suffisants.

Les rapports des commissaires de police ne sont pas, sur le dernier point, plus édifiants que ci-dessus : leur incompétence est d'ailleurs manifeste.

Aussi le cas suivant se produit-il fréquemment, surtout dans le travail des mines : l'ouvrier blessé par l'explosion d'une mine peut-il rendre son patron responsable, lorsqu'il est impossible d'établir que l'accident soit plutôt la conséquence de la faute d'un outil défectueux qui lui a été fourni que le résultat de sa propre imprudence ?

Que décider encore si la cause de l'accident n'a pu être précisée exactement. Si l'usage d'un instrument, quoique défectueux en lui-même, est cependant normal et employé généralement dans l'endroit où le malheur est arrivé ?

Quoi encore, si, pour éviter les conséquences funestes d'un trouble survenu dans l'outillage par suite d'un cas fortuit, l'ouvrier se trouve blessé dans un travail de sauvetage, exclusivemeut effectué dans l'intérêt de son patron, mais en dehors des conditions de son emploi ? Comment déterminer dans bien des cas le fait précis où l'ouvrier a omis de se borner au travail même pour lequel il a été embauché ?

Les solutions varient : les unes absolvent le patron, les autres réduisent le montant de l'indemnité. Dans toutes ces hypothèses, la victime se meut dans l'incertitude et dans l'anxiété ?

Enfin n'est-ce point une difficulté presque insurmontable pour l'ouvrier de rapporter la preuve, à la suite, par exemple, d'une explosion de machine à vapeur, d'un vice de construction inhérent à l'appareil, puisqu'il aura été détruit dans le sinistre ; ou bien encore, de rapporter la preuve qu'une faute a été commise par le préposé à la direction de la machine. — Les commissaires de police, même assistés d'experts, peuvent-ils être bien certains, par l'examen des fragments du moteur brisé, que ces fragments n'ont pas été dénaturés avant leur visite ; qu'en tous cas, la machine était construite suivant les règles de l'art ?

Enfin les rapports des ingénieurs commis ne seront-ils pas souvent contradictoires dans leurs conclusions? s'accorderont-ils toujours pour prononcer, sous la foi du serment, sur la cause exacte de l'explosion, et leurs opinions divergentes, exposées chacune avec autorité, éclaireront-elles les juges qui n'ont rien vu?

Le mécanicien, menacé d'une peine correctionnelle, avouera-t-il toujours la vérité et ne gardera-t-il pas le silence s'il a eu le tort grave de ne pas constater l'état de sa machine depuis plusieurs jours, ce qui arrive fréquemment ¡dans toutes les usines?

D'autres hypothèses très pratiques n'ont pas reçu de solutions plus certaines.

Ainsi l'ouvrier travaillant avec des compagnons mal instruits et sans expérience, blessé par suite d'une fausse manœuvre de ceux-ci, doit-il établir que le travail n'était pas confié à des hommes suffisamment expérimentés?

Le chef d'un chantier, préposé à la surveillance des travaux et blessé dans un travail particulièrement difficile dans lequel il donne l'exemple de la manœuvre et prête un coup ,de main, peut-il rendre son patron responsable? Ce dernier a-t-il le droit d'objecter que son contre-maître n'était chargé que de la simple surveillance du chantier?

Enfin il est des cas où la jurisprudence qui tend à se généraliser est véritablement dure pour l'ouvrier victime.

Ainsi, il a été jugé que, lorsque les causes de l'accident ont fait l'objet d'une information criminelle ou ,correctionnelle, et que les griefs examinés par le procureur de la République, n'ont pas été retenus, qu'une ordonnance de non-lieu a été en conséquence prononcée (ce qui arrive souvent, étant donné le caractère vague des rapports du commissaire de police), il y a chose jugée à l'égard de ces faits; que par suite, si la victime n'articule pas des faits nouveaux afin d'établir la faute de l'employeur, sa demande en responsabilité doit être rejetée sans examen.

Il nous semble cependant que si l'intention coupable de nuire n'existe pas chez le patron, ce qui est certain et ce qui doit le faire échapper à une peine, on ne comprend pas comment sa responsabilité peut être dégagée.

On a même été plus loin et décidé que l'ouvrier blessé dans son travail ne saurait rendre son patron responsable en se prévalant d'une faute commise par ce dernier, et pour laquelle il aurait même été condamné par le juge de paix, lorsqu'il est constant que l'accident n'a pas été la cause de cette faute.

Ainsi un entrepreneur livre à son ouvrier un échafaudage absolument défectueux ; ce dernier se blesse par suite d'un mouvement malheureux et ne peut exercer aucune action en réparation du préjudice.

Jugé encore qu'un charron, blessé en façonnant une planche à l'aide d'une scie circulaire ou une toupie installée sur un établi insuffisamment éclairé, ne peut rendre son patron responsable s'il ne s'est jamais refusé à travailler dans ces conditions défectueuses.

Et cependant l'ouvrier n'est-il pas dans une certaine mesure comme une chose, une marchandise, entre les mains de son patron ? Peut-il bien souvent discuter l'ouvrage qu'on lui confie et les moyens qu'on lui fournit sans s'exposer à un renvoi immédiat.

Ainsi l'ouvrier mis par son patron ou son préposé à la disposition d'un autre patron doit agir contre ce dernier seul en responsabilité de l'accident qui lui survient pendant le service prêté ; l'ouvrier n'est donc considéré la plupart du temps que comme un instrument, et, au lieu de lui laisser le bénéfice légal que pourrait lui rapporter cette assimilation, la loi le lui enlève pour lui imposer la législation commune aux personnes libres agissant avec la plénitude de leur liberté ; en un mot, en lui imposant le fardeau de la preuve dans les conditions que nous avons exposées.

Comme on peut le voir par ces exemples, la situation de l'ouvrier est bien précaire et incertaine lorsqu'un procès s'engage, sans compter qu'il lui faudra discuter avec une compagnie d'assurance qui, placée au lieu et place du patron, déploiera toutes les ressources de la procédure et de la jurisprudence pour triompher dans sa défense. Dès lors, il arrive que, la victime à bout de ressources, sa veuve ou ses héritiers transigent le plus souvent pour des sommes insignifiantes, une pension viagère de deux ou trois cents francs qui ne représentent pas même une faible part du dommage éprouvé.

D'après ces observations générales et par cet aperçu succinct des variations d'appréciation dans ces matières, il n'est pas étonnant que le nombre officiel des accidents rentrant dans cette première catégorie, c'est-à-dire dus à la faute des patrons, soit relativement restreint.

La statistique n'en a pas été faite en France; mais, d'après les statistiques étrangères, comme nous l'indique M. Blavier, sénateur, le nombre de ces accidents ne s'élève guère qu'à 12 °/₀, tandis que le nombre des accidents dus à la faute de l'ouvrier s'élève à 20 °/₀, et celui provenant de cas fortuits et de risques professionnels à 68 °/₀.

Il est évident que si la jurisprudence est la même que chez nous, ces chiffres ne correspondent en aucune façon à la réalité exacte des faits, et que, dans tous les cas, une grande partie des 88 °/₀ victimes du travail qui n'ont pas été assez heureux pour réunir assez de preuves se trouvent jetés, eux et leurs familles, dans la misère et réduits à l'impuissance. — Enfin si le patron est insolvable, si la compagnie d'assurance est tombée en faillite durant le cours de l'instance, l'ouvrier sortant vainqueur de difficiles et longs débats judiciaires sera encore dans l'impossibilité d'exercer ses droits et perdra même le montant des frais du procès qu'il aura dû s'imposer ou les dépenses de la maladie qu'il aura faite.

2°. — *Faute de l'ouvrier.*

Dans cette hypothèse, sans qu'aucune distinction puisse être faite entre la faute légère et la faute grave l'ouvrier, victime d'une imprudence ou d'un faux mouvement, ne peut en appeler qu'à la pitié de son patron.

Très souvent l'imprudence de la victime se combine avec une imprévoyance du patron, imprévoyance qui a pu engendrer la hardiesse excessive de l'ouvrier; il est bien difficile alors de connaître quelle a pu être la cause même de l'accident; nous avons vu plus haut combien les tribunaux sont hésitants. Les bases sur lesquelles ils s'appuient soit pour refuser toute indemnité si l'imprudence paraît prédominer, soit pour en réduire la quotité, sont forcément vagues et incertaines; ce sont en général des considérations étrangères à l'accident, à ses causes et à ses conséquences, telles que la fortune du patron, qui forcent la détermination du juge.

Si le patron n'a aucune faute à se reprocher et que l'ouvrier ait eu le soin de contracter une assurance soit directement, soit par l'intermédiaire de son patron et par voie de retenue sur ses salaires, le blessé ou ses ayant-droit possèdent, il est vrai, une action contre la compagnie.

Mais ici encore se reproduisent les mêmes lenteurs et les mêmes difficultés de procédure; on retrouve les mêmes hésitations dans la jurisprudence.

A ces difficultés viennent encore s'ajouter celles qui peuvent résulter de l'interprétation des clauses de la police d'assurance.

Ainsi l'ivresse de l'assuré entraîne-t-elle la déchéance de sa police, lorsque celle-ci exclut de la garantie les accidents provenant d'infractions aux ordonnances et règlements? La compagnie peut-elle se prévaloir de cette clause générale sous prétexte que l'ouvrier aurait contrevenu à la loi du 23 janvier 1873 sur l'ivresse?

Ce point, qui a été élucidé par quelques jugements rendus en faveur du blessé en état d'ivresse, n'a cependant point épuisé toute discussion.

Une question longtemps controversée a été celle de savoir si l'ouvrier blessé par sa faute et assuré par l'intermédiaire de son patron au moyen de retenues sur son salaire, avait une action directe qu'il puisse exercer contre la compagnie assureur du patron. Pouvait-il, en d'autres termes, attaquer directement l'assurance sans attaquer l'employeur? Cette question présentait une grande importance pratique, car si le patron négligeait, pour un motif ou pour un autre, de mettre en cause et d'appeler en garantie la société, s'il encourait une déchéance ou devenait insolvable, l'action de l'ouvrier se trouvait inutile ou éteinte. Les tribunaux ont longtemps hésité, et, après avoir refusé l'action directe, sont revenus sur leur décision et l'accordent à l'ouvrier, à peu près universellement, depuis un an ou deux seulement.

Une autre question non moins importante et qui n'a pas eu le sort de recevoir une solution certaine est la suivante : Lorsque le patron retient une partie des salaires de ses hommes pour l'assurance individuelle ou collective de ceux-ci, est-il responsable de la validité de cette assurance? Si, pour quelque motif, la Compagnie refuse, après l'accident, de payer l'indemnité, par suite d'une fausse déclaration ou d'une réticence notamment, le maître est-il tenu de payer à l'ouvrier la partie des salaires qu'il a retenue indûment? N'est-il pas, en outre, tenu à des dommages-intérêts.

Cette hypothèse n'ayant pas reçu de sanction définitive, une lueur d'espoir reste à la victime dans son dénuement. Mais il a été jugé que le blessé qui souffre d'un dommage causé à la fois par sa propre imprudence et par la faute d'un tiers ne peut lui réclamer une réparation pécuniaire, lors même que ce tiers serait l'auteur principal et primitif du fait préjudiciable.

On peut se demander quelle autre réparation on peut bien lui accorder; c'est ce que le tribunal de Bourg ne nous enseigne pas dans son jugement sur cette dernière question.

3°. — *Forces majeures. — Cas fortuits. — Risques professionnels.*

Les accidents qui rentrent dans cette catégorie sont les plus nombreux et ceux dont il semble le plus facile, en théorie tout au moins et d'après un principe juridique équitable et libéral, de réparer les conséquences.

Les développements constants de l'industrie, l'emploi des engins et des machines, l'agglomération dans les ateliers, le défaut d'un apprentissage suffisant, l'usage des moteurs et des outillages mécaniques dont la puissance est à la fois énorme et aveugle sont les causes principales de l'aggravation et de la multiplicité des risques professionnels.

Quant aux accidents occasionnés par des cas fortuits et de force majeure, tels que les fléaux naturels, le travailleur n'y est pas moins exposé que l'oisif ; ils frappent au hasard, et la loi est impuissante à les éviter et à les réparer. Les sociétés de secours mutuels, les assurances sont les seuls remèdes à des sinistres qui échappent à toute prévoyance.

En ce qui concerne les risques professionnels, c'est ici que la loi est totalement à refaire et c'est ici que nous aurons à examiner l'intervention de la Société tout entière dans la nécessité sociale et humanitaire d'en réparer les suites fâcheuses.

Il est certain qu'une législation créée à une époque où le travail était simple, où la fièvre de la spéculation ne s'était pas emparée comme aujourd'hui de toutes les forces productives, où le goût effréné du luxe et du bien-être rapidement acquis n'avait pas gagné toutes les classes, où la science n'était guère qu'au berceau, où la surproduction industrielle n'avait pas désorganisé les principes économiques, en un mot, où la plupart des industries malsaines et dangereuses n'étaient point connues, il est certain, disons-nous, que cette législation n'est plus en rapport avec les nécessités inéluctables qui dérivent de toutes ces modifications du progrès moderne. La science du droit, en ce qui nous occupe, n'a pas suivi la marche de ses sœurs ; restant stationnaire, elle a vieilli et ne répond plus aux besoins nouveaux qu'elle a pour mission d'équilibrer avec les principes de justice et d'équité. On ne comprend plus qu'une loi presque centenaire régisse à l'heure actuelle les rapports complexes et profondément modifiés, les difficultés nouvelles qui sont nées et qui naissent chaque jour de l'organisation démocratique et moderne du travail.

L'éducation professionnelle n'est plus en harmonie avec les périls qu'occasionnent des inventions aussi révolutionnaires que la vapeur et l'électricité, avec les soins, les connaissances plus approfondies qu'exigent les outillages scientifiques modernes ; les travaux immenses et dangereux exécutés de nos jours imposent à la main-d'œuvre une expérience consommée que l'ouvrier peut difficilement acquérir.

La Société, qui est la cause indirecte de ces transformations, qui profite dans la plus large mesure des perfectionnements dus au génie des savants, de la multiplication des productions de toute nature, doit évidemment contribuer aux charges qu'imposent au producteur, à l'ouvrier de son bien-être et de son luxe l'aggravation des dangers résultant pour dernier des travaux les plus difficiles et les plus insalubres.

Elle doit, en un mot, supporter une part dans la responsabilité commune des accidents du travail.

Il est bien certain que le Code de 1803, qui laisse à la charge de l'ouvrier les conséquences désastreuses des cas fortuits, que ce Code, promulgé à une époque où l'on ne prévoyait guère que les accidents provenant d'une cause extérieure, indépendante du travail, tels que la foudre, le vent, les fléaux naturels, les maladies subites, etc., ne peut plus s'appliquer dans ses termes, trop larges et trop vagues depuis les découvertes augmentant les risques de force majeure par l'emploi d'engins ou de matières aussi dangereuses que les moteurs mécaniques et la dynamite, par exemple. Ces forces aveugles qui ont remplacé les forces humaines ou animales, ces matières explosibles dont on se sert journellement, créent des dangers nouveaux qui mettent la vie elle-même de l'ouvrier qui les emploie ou les manie en péril. L'agglomération des habitants des villes, les entreprises considérables qui nécessitent des travaux aussi périlleux que ceux d'entretien des égouts ou des fosses d'aisance, l'emploi des matières chimiques aussi funestes que le mercure et l'étain, ont complètement modifié les conditions du travail.

L'humanité exige qu'une réparation, établie sur une législation moderne, soit accordée aux victimes de la science et du progrès.

L'ouvrier, dit-on, doit supporter exclusivement les risques professionnels, par ce motif qu'étant libre de choisir son métier, il sait à quoi il s'expose, il connaît les périls de sa profession et reçoit un salaire proportionné aux risques qu'il court ; c'est à lui être d'autant plus prudent qu'il court plus de dangers.

Ce raisonnement ne nous paraît pas juste. Parce qu'il n'y a pas faute de la part du patron, s'ensuit-il qu'il n'y ait pas de responsabilité, pour la société tout au moins ? Comment parler de salaires accordés en proportion des risques ?

Le salaire est le produit du travail ; la plus-value du salaire n'est pas la conséquence directe du risque, mais celle du plus petit nombre d'ouvriers. Plus le métier est dangereux, moins il y a de bras pour l'exercer, moins il y a de demandes ; en conséquence, plus l'offre est importante. La plus-value du salaire n'est donc pas une prime d'assurance contre les risques éventuels de la profession, mais la représentation exacte du travail d'après la loi économique de l'offre et de la demande. D'ailleurs, si le salaire représentait l'éventualité de l'accident, la plus-value représenterait le prix de l'accident. Donc, d'après cette théorie, le patron se reconnaîtrait responsable, puisqu'il paye par provision et d'une manière uniforme le sinistre qui peut survenir.

Il faut revenir aux principes du bon sens et reconnaître que les risques professionnels ayant augmenté dans des proportions effrayantes, le travailleur, qui ne dispose que des mêmes moyens, ne saurait rester désarmé devant les progrès d'une civilisation auxquels la société ne l'initie pas et peut à peine l'initier d'une manière assez approfondie ; il faut reconnaître que là où il n'y a faute directe de personne, tout le monde est responsable, que la victime, au nom de l'humanité, ne saurait être abandonnée à la misère pour le restant de ses jours, et que toutes les bourses doivent s'ouvrir dans un même sentiment de justice et de pitié.

Les statistiques nous accusent sur ce point des chiffres terrifiants : les cas de force majeure et risques professionnels entrent environ pour 80 $^0/_0$ dans le chiffre total des accidents du travail.

En ce qui touche spécialement l'hygiène des travailleurs et la sécurité du travail dans les manufactures, les mines, les usines et les ateliers, d'excellents projets de lois ont été soumis aux chambres. MM. Félix Faure, Martin Nadaud, députés, s'occupèrent activement de ces questions, et M. Rouvier déposa, en 1885, un projet qui ne fut même pas examiné. Il est regrettable que nos législateurs aient tant de choses à faire pour n'avoir pas le temps de s'occuper 'des questions humanitaires d'un ordre aussi élevé; ils auraient pu ainsi, depuis plusieurs années, prévenir bien des sinistres et éviter bien des misères.

4° *Jurisprudence belge.*

Frappé de tous ces inconvénients, de toutes ces inégalités légales et sous l'influence de l'opinion publique, le tribunal de commerce de Bruxelles a adopté une théorie toute nouvelle qui, en attendant une sanction législative, améliore la condition de l'ouvrier blessé demandeur en justice.

Il a été rendu, en 1885, un jugement dans lequel renversant les principes actuels, ce tribunal n'adopte plus comme base de la responsabilité du patron sa faute, c'est-à-dire un quasi-délit par lui commis. Il place la source de l'action de l'ouvrier dans la convention de louage de services qui imposerait comme obligation à l'employeur non plus seulement celle de payer le salaire convenu, mais encore celle de garantir la sécurité de son employé et de lui remettre, à la fin du contrat, sa personne indemne de tout accident. Le tribunal, comme effrayé de sa doctrine, fit cependant une restriction pour les cas fortuits et de force majeure.

Dès lors, si l'ouvrier est victime d'un accident dans son travail, il a contre son maître une action en garantie dérivant du contrat de louage, laquelle impose à ce dernier la charge de prouver que l'accident est dû à une faute étrangère qui ne peut lui être imputée (article 1147 du Code civil).

Cette théorie a été inventée et très savamment développée par MM. Sauzet et Sainctelette. « Le patron, disent-ils, étant contractuellement obligé de veiller sur son ouvrier, si un accident se produit, est débiteur de cette obligation, c'est-à-dire tenu à ce que le travail soit accompli sans que l'ouvrier ait à souffrir de son exécution, et il doit prouver sa libération ; c'est donc à lui à établir qu'il n'y a pas eu faute de sa part. »

Comme on le voit, le fardeau de la preuve se trouve déplacé par suite de ce raisonnement ; l'ouvrier, bien que demandeur en justice, se trouve dégagé de toute preuve à fournir, C'est au patron à établir sa libération, c'est-à-dire l'exécution du contrat qu'il a passé avec lui et dans lequel il s'est imposé l'obligation de le rendre indemne.

Cette solution, qui s'applique également au contrat de transport, puisque le voiturier est tenu de supporter les avaries survenues en cours de route, à moins qu'il ne prouve le cas fortuit ou de force majeure, a, en fait, l'avantage énorme de porter secours à la victime demanderesse, et, au point de vue de l'équité, de rendre à l'ouvrier un peu de cette égalité devant la loi dont on a tant parlé et qu'on a tant de peine à établir pratiquement.

Au point de vue du droit, cette théorie est-elle réfutable ? C'est possible. Quoi qu'il en soit, sans en examiner les arguments opposés à ce système, sans discuter ici le côté juridique de la question, nous ne pouvons que féliciter les juges consulaires de Bruxelles d'avoir fait faire un pas à la justice et d'avoir donné une leçon exemplaire aux législateurs insouciants.

CHAPITRE IV

EXAMEN DES DIVERS PROJETS DE LOI SOUMIS AUX CHAMBRES

1. — PROJET DE M. FÉLIX FAURE

La proposition de M. F. Faure est la plus radicale, elle est aussi la moins juridique. « C'est le travail, dit cet honorable député, qui est responsable de tout accident frappant l'ouvrier, alors que cet accident est déterminé par le bâtiment, l'outil ou qu'il résulte de l'exécution, » et il met à la charge exclusive du patron tous les sinistres sans exception, même ceux qui proviennent d'une faute grave de l'homme.

Cette théorie qui ne discute pas, qui pose en principe « qu'il n'y a pas de liberté pour l'homme qui a faim et qui devient la proie de celui qui lui donne du travail », cette théorie est purement arbitraire et entraîne les plus fâcheuses conséquences. Une pareille loi ruinerait bientôt les petites industries et les petits ateliers, ferait abandonner la patrie pour une installation plus favorisée à l'étranger, tout cela sans bénéficier à l'ouvrier victime. Le patron, le tâcheron, qui emploient un ou deux ouvriers, qui travaillent avec eux, tous les anciens ouvriers à peine établis, marchant à grand'peine, presque sans capital, avec le secours du crédit qu'inspirent leur probité et leur exactitude, se trouveraient ruinés par le premier accident qui surviendrait à leur employé négligent.

Ce système favoriserait même les mutilations volontaires et, d'ailleurs, huit fois sur dix, les petits industriels seraient dans l'impossibilité de payer l'indemnité.

De plus, il est inexact de prétendre que l'ouvrier n'est pas libre. Certes, il subit, dans bien des circonstances, la loi du patron, mais ce dernier lui-même ne subit-il pas les exigences de sa clientèle et les revers des crises commerciales. L'ouvrier, au contraire, affirme chaque jour sa liberté : il forme des syndicats, des associations, le droit à la grève lui est incontestablement reconnu.

Enfin les crises sont assez fréquentes depuis quarante ans, le chômage est assez commun depuis dix ans pour que le législateur ne vienne pas jeter le désarroi dans les petites industries et prononcer leur arrêt de mort.

Ces petites industries rudimentaires sont déjà les plus frappées par la crise actuelle et l'arrêt des affaires ; l'industrie du bâtiment est particulièrement atteinte, et si l'on songe qu'en 1866 le nombre des patrons français dans cette dernière branche de l'industrie seulement était de trois cent mille pour quatre cent cinquante mille ouvriers environ, et qu'il s'élève aujourd'hui à plus de cinq cent mille pour un million passé d'ouvriers, on voit quelle partie énorme des forces vitales de la France serait atteinte au profit de la concurrence étrangère.

Donc, l'intérêt supérieur de l'industrie s'oppose à la réalisation du projet de M. Faure, alors surtout que le commerce national a besoin d'encouragements et de dégrèvements. Cette loi aurait pour effet immédiat d'entraver les entreprises qui font la richesse d'un pays pour favoriser la témérité, les infractions aux règlements, la désobéissance et les délits intentionnels; loin d'être un retour à l'égalité, elle serait la cause d'un recul au profit d'une classe privilégiée.

2° — PROJET DE M. MARTIN NADAUD

« Quiconque emploie les services d'autrui, dit le projet soumis en 1881 par M. Nadaud, est tenu de le garantir contre les accidents résultant du travail dans n'importe quel métier, comme aussi sur les chemins de fer de l'État et des compagnies, à moins que l'employeur ne prouve que les accidents sont dûs à la faute de la victime. »

D'après M. Nadaud, le patron doit supporter la responsabilité des risques professionnels et des cas fortuits; c'est à lui à prouver que l'accident est dû à la faute de son employé. Cette théorie a le grand mérite de rétablir l'égalité, sinon complète, au moins réclamée à juste titre; elle est en rapport avec les conditions actuelles du travail. Cette preuve qu'elle renverse pour la mettre à la charge du maître, sera moins lourde pour ce dernier que pour l'ouvrier.

Le patron, en effet, connaît son installation, il est à même de discuter son outillage ; ses connaissances techniques, son influence, son éducation industrielle, le témoignage de ses employés lui donnent encore une grande force contre la victime pour qu'il puisse affronter devant des hommes compétents chargés de vérifier ses allégations l'aléa d'une preuve qui nous a paru presque impossible à l'ouvrier. Il possède en main tous les éléments nécessaires afin d'établir qu'il a pris toutes les précautions utiles à la sécurité de ses hommes.

Cette proposition de loi ne nous paraît donc pas aussi injuste qu'on l'a soutenu.

Nous avons vu pour quelles causes multiples la loi actuelle ne peut plus s'appliquer aux risques professionnels. Le patron doit donc les supporter, en partie du moins ; nous verrons plus loin de quelle manière et comment la Société elle-même doit en prendre une partie à sa charge et soulager d'autant la responsabilité de l'employeur. Si, en effet, la Société n'a pas contracté avec l'ouvrier, elle a profité de son travail, et comme en ayant tiré profit, elle doit rémunération et indemnité.

Le projet de M. Nadaud n'aborde point cette question ; c'est une lacune que nous entendons combler par l'assurance et l'impôt.

Quant aux cas de force majeure résultant de causes extérieures, indépendantes du travail, l'assurance seule peut être chargée de les indemniser.

Il convient de dire que le projet de M. Nadaud a été examiné par les Chambres syndicales, par des commissions parlementaires et que, malgré son principe équitable, la majorité des membres ont protesté, revendiquant l'application du droit commun actuel.

3°. — PROJET DE M. HENRI MARET

M. Henri Maret, sans modifier les règles suivies par la jurisprudence et dérivant de l'interprétation de l'article 1382 du Code civil, a examiné spécialement ce qui concerne la constatation des accidents et a émis l'idée de la création d'un jury spécial chargé de juger en dernier ressort, dans un délai rapide.

Nous dirons plus loin un mot sur cette proposition dans l'exposé de la solution que nous avons adoptée.

4°. — PROJET DE M. BLAVIER

Au mois de janvier 1885, après une délibération de la Chambre des députés sur le projet Nadaud, après un rapport dressé par une commission extra-parlementaire et de nouvelles propositions présentées par MM. Rouvier, Laur, Lockroy, un sénateur, M. Blavier, proposa au sénat un projet résumant et modifiant dans leurs détails les tentatives antérieures.

D'après M. Blavier, la réforme à introduire dans la loi doit porter : 1° Sur la constatation des sinistres ; 2° sur la détermination de la responsabilité d'après une règle fixe ; 3° sur la création d'une caisse de secours.

En cas d'accident, le patron sera tenu d'avertir, dans les vingt-quatre heures, le juge de paix ; ce magistrat procédera à la constatation du fait, assisté d'un ingénieur ou d'un architecte, dressera procès-verbal, et le tribunal civil ou correctionnel, suivant les cas, statuera dans un court délai.

Le projet distingue ensuite la faute lourde et la faute légère commise par l'ouvrier, et, dans ces deux cas, fixe la responsabilité en la combinant avec le salaire de l'ouvrier et la situation de sa famille.

Enfin il établit une caisse de secours alimentée par les ouvriers, les patrons et l'État.

Certaines critiques se sont élevées contre ce projet. D'abord on n'y distingue pas le risque professionnel des cas de force majeure provenant de causes externes.

La caisse de secours, telle qu'elle est instituée, garantit d'une façon uniforme les uns et les autres d'après la même base. Nous avons vu qu'il serait équitable d'augmenter le quantum de l'indemnité pour les accidents dûs aux risques résultant du travail même et des périls de la profession.

On peut critiquer, en outre, la fixation des dommages-intérêts que le juge doit sanctionner, quels que soient les cas ; toutefois, la combinaison du gain de l'ouvrier et de ses charges de famille, comme base d'indemnité, est bonne en principe.

Enfin les règles concernant la preuve ne sont point établies et le rapport du juge de paix nous paraît lier d'une manière trop étroite la décision de la justice. Le tribunal ne fera plus qu'enregistrer et sanctionner un rapport plus ou moins impartial et dressé avec plus ou moins de compétence.

5°. — PROJET DE M. LOCKROY

Enfin, le 2 février 1886, M. Lockroy, ministre du commerce, présentait un projet reproduisant les conclusions adoptées par la commission extra-parlementaire, composée de M. Tolain, sénateur, président; de MM. Barne, Martin Nadaud, députés; Girard, Drumel; de MM. Nicolas, Béquet, conseillers d'État; de M. Muller, professeur à l'école centrale des arts et manufactures; M. Vavasseur; M. Marolel, président du syndicat des chefs de service de l'industrie métallurgique; du docteur Napias et de M. Louis Bouquet.

Ce projet établit comme base la responsabilité du patron; c'est lui qui est présumé responsable de l'accident survenu; c'est donc à lui à faire la preuve que le sinistre est dû à la force majeure ou aux cas fortuits ou à l'imprudence de la victime.

Quant aux risques professionnels, il en garantit les conséquences dans les industries où, soit à raison des moteurs, des matières employées ou fabriquées, l'ouvrier se trouve exposé à un accident par son travail. Il établit, pour en indemniser la victime, l'assurance obligatoire contractée par les soins du patron.

Telle nous paraît être la véritable solution de la question qui nous occupe; c'est le projet qui nous semble remplir les conditions d'équité et de légalité; c'est celui auquel nous nous sommes ralliés en principe, sauf modifications de détail.

Nous critiquerons, en effet, quelques points qui, d'après nous, rendraient la loi incomplète et insuffisante.

Le projet de M. Lockroy ne dit pas un mot de la constatation de l'accident; de plus il ne nous paraît pas efficace en ce qui concerne le moyen proposé pour accélérer la solution des litiges portés devant la justice.

Le rapporteur, en effet, pose que les demandes en dommages-intérêts seront jugées comme matières sommaires, c'est-à-dire avec l'emploi d'une procédure simplifiée dans les écritures. Or, sans entrer dans des explications techniques, il nous suffira de dire qu'en fait, devant le tribunal de la Seine notamment et devant les tribunaux qui succombent sous l'affluence des affaires, celles dites sommaires et exigeant célérité, traînent aussi longtemps que les autres ; elles ont à subir, comme les affaires ordinaires, le rôle du tribunal, c'est-à-dire qu'elles séjournent dans les cartons un temps indéfini.

Ce n'est donc pas là une amélioration suffisante et nous préférons l'établissement d'un tribunal spécial, organisé spécialement en vue de l'examen de ces sortes d'affaires.

Enfin, l'article sixième du projet ne constitue pas une garantie assez formelle pour l'ouvrier blessé; il a trait à l'assurance et est ainsi conçu : « L'assurance pourra être contractée soit à la caisse créée par la loi du 11 juillet 1868, soit aux compagnies d'assurances mutuelles ou anonymes remplissant au point de vue de la publicité de la gestion et du placement des fonds les conditions qui seront déterminées par un règlement d'administration publique. »

L'article septième établit une amende de cinq cents à deux mille francs pour les membres du Conseil d'administration qui contreviendraient au règlement.

Nous préférons, au lieu du choix laissé au caprice du patron, l'institution d'une caisse unique par l'État, comme celles des retraites pour les employés de préfecture, pour la vieillesse, celle des invalides de la marine. La sécurité serait alors absolue pour l'assuré, ce qui est bien différent lorsqu'il s'agit d'une compagnie d'assurances mutuelles ou d'une société anonyme, même pourvue d'un excellent règlement d'administration.

Ces compagnies peuvent devenir insolvables, malgré toutes les mesures préventives sur la gestion des administrateurs et le placement des fonds. Dans l'organisation d'une Caisse d'État, on peut espérer que les tripotages financiers, les complicités frauduleuses ou indélicates se donneront une carrière moins libre, si même ils peuvent se produire ; la confiance n'en sera d'ailleurs que plus solide.

La caisse spéciale établie par la loi du 11 juillet 1868, alimentée aujourd'hui par les cotisations des assurés et une subvention de l'État, administrée par la Caisse des Dépôts et

Consignations, fonctionne régulièrement et pourrait être imposée à l'assurance générale.

Cette organisation nous semble être la seule possible pour assurer une surveillance utile et pour donner entière satisfaction au fonctionnement légal de l'assurance obligatoire : c'est le principe même de l'assurance par l'État.

CHAPITRE V

LA SOCIÉTÉ RESPONSABLE ET L'IMPÔT — ASSURANCE

Ainsi qu'on a pu le voir par le simple exposé de la jurisprudence et des réformes législatives projetées, les variations et les difficultés d'interprétation de la loi civile sont nombreuses ; le raisonnement paraît s'égarer dans les théories les plus divergentes fondées sur les textes actuels. On peut remarquer, il est vrai, une tendance à étendre l'application de cette législation dans un sens de plus en plus favorable à l'ouvrier blessé ; certains tribunaux, comme celui de Bruxelles, cherchent même à se dégager de cet article 1832, si général et si vague en ses termes, et à trouver ailleurs, en analysant par exemple, le contrat de louage jusqu'à le torturer, la solution du problème qui nous occupe ; on va au delà de la conception du législateur qui n'a certes pas songé à embrasser en quelques lignes immuables, des règles et des principes que devaient battre en brèche les développements du travail et de la civilisation.

A peine sortis de la Révolution, les législateurs dont l'activité remarquable complétait l'émancipation sociale d'une grande classe d'individus, n'avaient pas prévu le dédoublement de cette classe. La classe moyenne était créée, bénéficiant des droits de la classe supérieure ; liberté dans les actes de la vie civile, égalité devant les juges ; la classe inférieure ne devait pas tarder à se former, composée de tous les ignorants, les pauvres, paysans, ouvriers, restant en arrière de la marche en avant, et privée en fait du bénéfice des institutions nouvelles : la nécessité de la vie était sa liberté ; l'égalité pour elle n'était que le droit de constater son infériorité.

La voie était devenue libre pour les intelligences développées par l'éducation, pour les fortunes modestes ; elle était encore inaccessible au travail rudimentaire qui cherche moins à s'élever qu'à assurer son existence quotidienne.

Toutes ces générations de manœuvres abrutis par un labeur incessant trouvèrent peu de changement dans la réforme sociale de leur pays et peu d'amélioration dans leur condition. Le travail et ses salaires étaient réglementés pour eux à peu près de même qu'auparavant ; l'inégalité des hommes, au point de vue économique, ne leur apparut pas moins flagrante. Le peuple fit travailler le peuple, ce fut la différence. L'ouvrier se trouva en présence de nouveaux maîtres, entrepreneurs, industriels, fermiers, etc., patrons de toute sorte qui manièrent, suivant leurs besoins, le louage des services et marchandèrent le salaire ; il eut la liberté du travail, mais il resta livré à ses propres forces, et soumis à toutes les conséquences de l'ouvrage accepté ou refusé.

Et cependant cette Société moyenne qui fait travailler et qui travaille, non plus seulement pour vivre, mais pour s'enrichir, qui économise, spécule ou fait valoir, profite dans la plus large mesure du travail de ces individus qui s'usent pour vivre. Cette Société qui déplore les revendications envahissantes de la classe ouvrière, qui redoute si fort les dangers qu'elle lui fait courir, a-t-elle fait un pas pour examiner la légitimité de ses plaintes, donne-t-elle à cette catégorie tous les moyens de se mettre à l'abri de la misère et des dangers du travail ? Loin de là : elle lui impose pour son propre bien-être des ouvrages nouveaux et dangereux ; elle met à son profit exclusif les découvertes fertiles de la science et commande à l'ouvrier les raffinements de son luxe. Quelques institutions cependant ont triomphé du bavardage et des promesses humanitaires : l'extension de l'instruction primaire, du principe d'association est comme le début d'une évolution nouvelle destinée à faciliter à la classe inférieure la mise en œuvre de ses forces.

Bien que l'égalité des conditions ne soit qu'un rêve, bien qu'il soit impossible de régler le partage et les lots de chacun, il est certain, du moins, que nous devons protéger ceux que l'inégalité de race, d'instinct, de facultés, d'habitudes et de ressources laisse en dehors de la richesse et du progrès.

Comment cette fusion du capital et du travail s'opérera-t-elle? Une conciliation est-elle donc impossible? Certes, on ne peut espérer que les classes inférieures se soumettront à la nécessité qui dérive de leur impuissance. Aussi le législateur doit-il, et spécialement dans l'espèce qui nous occupe, imposer à la Société entière les charges qui doivent être la contre-partie de sa situation privilégiée.

Il n'est pas utile ni fécond de discuter si longtemps les côtés juridiques des questions humanitaires; si les textes, anciens déjà, ne s'accordent plus avec les mœurs et les besoins nouveaux, il est plus facile de les modifier que de vouloir les tourner à l'aide de raisonnements subtils.

Le travail est la loi suprême des nations libres; ce n'est pas aux dépens d'une classe qu'il doit donner la prospérité et l'indépendance. Chacun a besoin l'un de l'autre, et le premier ne peut exploiter le travail du second. Si les contrats lient les deux parties l'une à l'autre, il existe au delà des conventions des devoirs dont l'idée même devrait être consacrée.

Si, du marché ou du contrat, résultent certaines obligations légales, il n'est ni équitable ni social qu'une fois remplies, ces obligations délient complètement les parties. C'est cette idée du devoir, plutôt qu'une conséquence strictement juridique, qu'a voulu consacrer dans son jugement le tribunal de commerce de Bruxelles.

C'est cette idée du devoir survivant à l'expiration du contrat de louage de services qui doit servir de base à la participation de la Société dans la réparation du préjudice professionnel causé aux contractants. C'est un impôt de charité et de reconnaissance que la Société doit payer aux victimes du travail et aux artisans malheureux de son bien-être.

Et ce principe est-il par lui-même antijuridique? La Société n'a pas contracté directement, c'est vrai; mais elle est tenue comme ayant profité et dans la mesure où elle profite.

Enfin les progrès scientifiques, et nous devons revenir un instant sur ce point, ont livré l'ouvrier sans connaissance du danger et sans expérience approfondie des engins qu'ils lui mettaient entre les mains, à des périls dont il ne sait même pas l'étendue. Les professions malsaines se sont multipliées pour la satisfaction du bien-être public; il n'est plus guère d'industrie où, grâce aux perfectionnements de la physique et de la chimie, la sécurité et la salubrité soient aujourd'hui complètes.

Le progrès économique a suivi, changeant les conditions du travail; les machines, l'électricité étant découvertes, il importe de faire grand et de faire vite; la chimie se développant, il importe de faire à bon marché, d'écraser la concurrence, d'inonder les marchés et de trouver des débouchés; la division du travail, elle-même, spécialisant la main-d'œuvre, a augmenté l'activité individuelle aux dépens de l'éducation professionnelle.

Les engins, l'outillage mécanique d'un maniement difficile et dangereux ont remplacé les forces lentes d'autrefois. Le génie moderne qui asservit toutes les puissances naturelles, les pliant à ses exigences et à ses besoins, met en application tous les modes de mouvement, depuis la lumière jusqu'à l'électricité. Qui sait ce qu'il nous réserve encore et par quelles séries de transformations doivent successivement passer toutes les forces de la nature. La chaleur est déjà une force insuffisante; les piles thermo-électriques l'ont transformée en électricité; des quantités innombrables de machines ont été découvertes trouvant chacune une application nouvelle. Le travail mécanique fait place au travail électrique.

Des industries, des métiers nouveaux se sont créés, vulgarisant chaque jour les bagatelles devenues nécessaires au luxe et à la vie moderne : la galvanoplastie, les décompositions chimiques, la dorure, etc. Le photophone n'a certainement pas dit son dernier mot.

La matière, analysée par la science chimique, a révélé ses secrets et ses poisons; les substances les plus insalubres sont journellement manipulées.

Qu'est-il besoin d'exemples pour démontrer que toutes ces forces, tous ces éléments nouveaux ont changé la nature du travail, modifiant la base même du contrat de travail? Nous sommes loin du temps où l'huile éclairait nos rues et nos maisons: le pétrole et le gaz l'ont remplacée; où des tapisseries de laine ou de soie revêtaient nos murs : le papier peint aux couleurs composées de céruse, d'arsenic et de vert-de-gris les ont remplacées. Les cuirs et les peaux des animaux sont traitées à l'acide sulfurique. La teinture emploie les substances les plus nuisibles, les poisons les plus violents, tels que l'aniline dont les effets narcotiques sont meurtriers ; le soufre, l'étain, le plomb, le chlore servent à la fabrication des eaux gazeuses, de l'alcool, des allumettes, etc., engendrant les maladies les plus graves ; l'étamage des glaces qui fait en dix ans blanchir les cheveux des ouvriers qui exercent ce métier et leur donne un tremblement nerveux qui ne les quittera plus. Les mécaniciens et chauffeurs dans les chemins de fer, les ouvriers mineurs, les couvreurs, les charpentiers, etc. sont exposés aux plus graves périls.

Il n'est pas nécessaire d'insister davantage, et cependant les obligations de l'employeur ne sont pas modifiées; s'il a payé le salaire, il est quitte, lui et la Société, vis-à-vis de cet homme dont la santé a été altérée et l'existence compromise par l'exercice de sa profession. Il a fourni son labeur, il a reçu son argent, tout est fini entre les parties; maintenant qu'il a courageusement terminé son œuvre, qu'il a affaibli ou ruiné ses forces vitales, qu'il se débatte comme il voudra ou comme il pourra avec la langueur, la vieillesse prématurée, les douleurs physiques, les germes rongeurs qu'il a contractés pendant le temps qu'il a passé au service de ses semblables. Parce qu'il avait besoin de vivre lui et les siens, il a donné sa vie; la Société ne lui doit-elle rien en échange lorsqu'elle a profité de ce sacrifice, épargnant ses propres forces et jouissant de la production?

De toutes ces réalités résulte la responsabilité civile de la Société et l'obligation pour elle de participer par ses ressources à l'indemnité due à l'ouvrier victime des troubles ou des accidents professionnels.

C'est, reprise sous une forme nouvelle et moins étendue dans ses conséquences, la conception d'Émile de Girardin sur l'impôt-assurance. La Société doit être frappée dans ses économies, comme le travailleur est frappé dans son être physique. C'est le principe même de la responsabilité tacite, du devoir et de l'obligation tacite, contractée en dehors de toute convention écrite ou verbale, principe consacré à la fois par la loi, l'équité et la raison sociale.

CHAPITRE VI

ASSURANCE OBLIGATOIRE

De l'exposé de ce qui précède, de la responsabilité que nous avons vu incomber aux patrons dans une certaine mesure, il résulte pour les employeurs, d'une part, l'obligation sociale de se mettre à l'abri des conséquences civiles, pécuniaires qui dérivent des accidents du travail, et pour les ouvriers, d'autre part, l'obligation de s'assurer le paiement de l'indemnité qui peut leur être due, l'équivalent du dommage qu'ils ont éprouvé eux ou leur famille même par suite de leur imprudence ou d'une force majeure. L'intérêt public et privé exige que les ruines de la petite industrie et des entreprises modestes soient prévenues et que les malheurs soient réparés.

Le seul moyen d'assurer l'effet de cette responsabilité du patron et de la Société tout entière, le seul remède à apporter aux pertes, aux maladies et à tous les troubles résultant des accidents du travail, est l'assurance forcée, établie sur des bases fermes et fixes, présentant la garantie efficace de l'État.

Cette théorie de l'assurance obligatoire par l'État a soulevé de bien grosses discussions.

Certes le système de l'assurance obligatoire dans toutes les hypothèses où l'on pose comme principe que l'État doit assurer aux citoyens la jouissance de leurs biens et l'usage de leurs facultés, système qui embrasserait tous les sinistres résultant, soit pour l'individu, soit pour la propriété, de l'incendie, des causes de toute nature telles que les fléaux naturels, a paru, à bon droit, inconciliable avec la liberté individuelle ; outre qu'il serait impraticable dans notre pays, il entraînerait les conséquences les plus déplorables : monopole de l'État, ruine des associations privées d'assurance, développement de l'incurie par la suppression même de la responsabilité.

Cette théorie a été cependant développée avec éclat par de nombreux auteurs, en 1848 surtout, puis reprise par Émile de Girardin dans son fameux projet de loi sur « l'impôt-assurance », impôt unique qui devait supprimer tous les autres, assurant même contre les risques de la misère ; elle a été étudiée honorablement par une commission parlementaire, en 1851, puis, en 1882, par M. Langlois, député, lequel soumit au Parlement un projet d'assurance obligatoire comprenant les risques d'incendie, de grêle, de gelée, d'épizootie et d'inondation. Cette idée est, depuis cette époque, enfouie dans les cartons de la Chambre, et le jour n'est pas proche où elle recevra l'honneur d'une discussion.

Sans nous attarder à l'examen de ces systèmes, l'assurance obligatoire par l'État, spécialisée, restreinte en ce qui touche les accidents du travail, est sans aucun doute d'une organisation plus facile ; les mêmes considérations ne militent point contre elle, et si quelques sociétés d'assurance privées se trouvent réduites dans leurs opérations, il serait injuste de leur sacrifier l'intérêt du plus grand nombre. D'ailleurs, comme nous le disions, ce projet philanthropique a été réalisé par l'État en ce qui concerne les assurances en cas de vie par l'établissement de la Caisse des retraites, ainsi que les assurances en cas de décès.

Il est vrai d'ajouter que ces dernières assurances sont facultatives et que l'État ne fait ici qu'une concurrence à l'initiative privée, sans créer un monopole. Mais, dans les deux cas, l'obligation à l'assurance manquerait de base légale et porterait atteinte à la liberté individuelle. Comme le disait très justement M. Martin Nadaud, dans son rapport au Parlement : « Si l'État peut et doit se désintéresser des questions d'assurances en matière d'incendie, d'assurances maritimes ou sur la vie, il ne peut rester indifférent lorsqu'il s'agit de la vie ou de l'existence des populations laborieuses. »

Cette institution de l'assurance obligatoire contre les accidents du travail industriel a été étudiée en Allemagne, sur la proposition de M. de Bismarck.

D'après le projet soumis par le chancelier au parlement, l'assurance serait obligatoire pour les patrons, et payée selon le gain de l'ouvrier ; jusqu'à un certain taux du salaire, la prime serait acquittée, savoir : deux tiers par le patron et un tiers par l'assistance publique ; pour les ouvriers recevant un salaire plus élevé, la prime serait payée, moitié par le patron, moitié par l'assuré.

Nous devons admettre, tout d'abord, que l'État, devenant assureur, ou mieux, répondant de la gestion d'une caisse spéciale en qualité de caution, a le droit absolu d'obliger ouvriers et patrons à s'assurer à telle compagnie déterminée qu'il institue, qu'il revêt d'un caractère officiel et qu'il se réserve de contrôler et de garantir. Il serait impossible à l'État de s'immiscer dans la gestion de toutes les sociétés d'assurance contre les accidents, son contrôle serait irréalisable, et c'est pour cette raison que nous ne saurions adopter l'article sixième du projet de M. Lockroy.

Il s'agit donc pour l'État de créer un établissement d'assurance offrant toutes garanties, ou plutôt d'imposer à l'assurance individuelle des intéressés, l'établissement qui existe actuellement en vertu de la loi 1868. Cette caisse n'opérant qu'en cas de décès de l'assuré, il s'agit en même temps d'élargir le cercle de ses opérations en ce qui concerne les accidents qui, sans entraîner la mort, entraînent une incapacité de travail perpétuelle ou passagère.

La caisse facultative des assurances en cas d'accidents, instituée en 1868, a pour objet, telle qu'elle fonctionne aujourd'hui, « de servir des pensions viagères aux assurés qui, dans l'exécution de travaux agricoles ou industriels, sont atteints de blessures entraînant une incapacité de travail *permanente* et de donner des secours aux veuves et enfants mineurs des assurés qui ont péri par suite de ces accidents. »

La participation de l'État s'est manifestée sous la forme d'une subvention qui s'est élevée à un peu plus de deux millions de francs; l'administration est confiée à la Caisse des Dépôts et Consignations.

Quant aux indemnités, elles sont calculées d'après le montant des cotisations particulières combiné avec une moyenne des sinistres donnée par les statistiques. Cette caisse, dont les opérations sont trop restreintes puisqu'elle n'assure ni l'incapacité de travail *temporaire*, ni la responsabilité des patrons, a pris peu de développements, et les primes encaissées depuis sa création ne s'élèvent pas à plus de cent cinquante mille francs environ.

Telle est cependant la base qu'il serait équitable d'adopter, tout en faisant les modifications qui résultent des principes que nous avons exposés. Il faudrait :

1° Déclarer cette caisse d'État obligatoire pour les patrons et les ouvriers ;

2° Étendre les effets de l'assurance aux accidents n'entraînant qu'une incapacité temporaire de travail ;

3° Couvrir, par cette assurance, la responsabilité civile des patrons, les risques professionnels, la faute légère de l'ouvrier et les cas fortuits ;

4° Réformer les tarifs actuels et créer des tarifs d'indemnité pour les blessures temporaires.

Ainsi constituée, cette institution sociale rendrait les services les plus efficaces, indemnisant à la fois les malheurs causés par les sinistres et réparant le préjudice causé aux patrons par suite des accidents professionnels. Elle aurait pour résultat de supprimer un nombre considérable de procès, puisque l'assurance couvrirait presque tous les accidents, sauf ceux qui sont dûs à la faute lourde du patron, lesquels, annulant les effets de la police en ce cas, donneraient lieu contre lui à une action correctionnelle, ceux provenant de la faute lourde de l'ouvrier, telle que la désobéissance aux règlements formellement constatés et produisant la même annulation.

Toutefois, il est un motif pour lequel nous serions partisans d'une caisse privée, gérée par des administrateurs qui ne seraient pas employés de l'État, simplement établie sous la surveillance et la garantie de l'État. De cette façon, en effet, l'État n'étant point assureur, n'aurait pas à prendre directement part aux procès civils ou correctionnels pouvant s'élever entre les assurés et la caisse ; l'État ne serait pas ainsi l'adversaire direct des contribuables.

Mais nous ne saurions insister sur ce point, d'un ordre tout secondaire.

Dans tous les cas, la caisse établie d'après ces bases devra être exempte d'impôts, droits de timbre des polices et avenants, droit d'enregistrement. Ce dernier droit ne devra être perçu que dans le cas d'action judiciaire, conformément à la loi du 22 frimaire de l'an VII.

Quelle devra être maintenant la quotité des cotisations ; dans quelles proportions les intéressés, y compris la Société tout entière, devront-ils contribuer à l'alimentation de cette caisse d'État ?

D'après nous, les primes seront évaluées d'après le système suivi par les compagnies d'assurance actuelles ; elles varieront suivant le salaire, les charges de famille et la nature plus ou moins dangereuse de la profession. Il est bien évident que la quotité à payer différera pour l'ouvrier peintre et l'ouvrier mineur par exemple.

Quant aux cotisations, elles devront être supportées : un tiers par le patron, un tiers par l'ouvrier et le dernier tiers par tous les contribuables soumis à l'impôt direct, qui ne rentreront pas dans les deux autres catégories ; elles seront établies, en ce qui concerne ce dernier tiers, par la loi sur le budget de l'État, au moyen de centimes additionnels à l'impôt mobilier, et recouvrées par l'administration des contributions indirectes dans les formes légales. Cette aggravation des charges de l'impôt mobilier sera, pour ainsi dire, infinitésimale, étant donné les ressources fondamentales de la caisse et le nombre des personnes imposables.

Le patron devra faire l'avance du tiers supporté par les ouvriers qu'il occupe au moyen d'une assurance individuelle ; de cette façon l'ouvrier pourra changer d'atelier aussi souvent qu'il lui plaira, emportant avec lui sa police ; la prime sera payée par voie de retenue sur son salaire.

Quant aux indemnités, nous les établirions de la manière suivante : En cas de mort, la veuve du défunt aurait droit à un secours représentant cinq années de la pension à laquelle aurait droit l'ouvrier blessé ; les enfants auraient droit à une indemnité représentant la moitié du salaire du défunt jusqu'à leur majorité. La valeur de cette pension serait d'ailleurs celle à laquelle aurait eu droit l'ouvrier victime d'un accident entraînant incapacité absolue de travail.

Si l'ouvrier était célibataire ou veuf sans enfants, le père ou la mère auront droit à la même indemnité que les enfants, jusqu'à leur mort.

En cas d'incapacité temporaire de travail, la victime aura droit à une pension égale à la moitié de son salaire pendant tout le temps de sa maladie.

En cas d'incapacité permanente, cette pension sera des deux tiers du salaire annuel.

Notons, en terminant cet exposé sommaire, que depuis une vingtaine d'années, les chambres syndicales du Bâtiment de Paris, ont créé des caisses d'assurances mutuelles entre les patrons des diverses industries, alimentées par leurs cotisations et par les retenues opérées sur les salaires des hommes. Ces assurances, qui garantissent même contre les accidents survenant aux personnes étrangères au travail, produisent de bons résultats, bien que les primes soient assez élevées. Nous devons féliciter les chambres syndicales de Paris d'avoir montré, depuis longtemps déjà, le chemin que devraient suivre nos législateurs.

CHAPITRE VII

CAISSE DE RETRAITE

Une partie des fonds considérables dont disposera la Caisse d'assurance obligatoire ainsi organisée, pourra, d'après nous, être employée avec succès au paiement des retraites au profit des ouvriers d'un certain âge.

C'est ainsi que sur les deux tiers payés comme nous l'avons vu par les patrons et les ouvriers, une part variable déterminée, fixée par un règlement ultérieur, pourra être employée à cet effet.

Cette caisse de retraite pourra fonctionner comme en matière d'assurance sur la vie à terme fixe ou comme en matière d'assurance de capital différé.

Si l'on adopte le premier système, le paiement du capital proportionnel à la part des primes encaissées sera effectué à l'époque indiquée, soit à l'ouvrier qui aura atteint l'âge fixé par le règlement, soit à sa veuve, à ses enfants, ou à ses père et mère, s'il est décédé.

Si l'on adopte le système de capital différé, le capital ne sera versé à l'ouvrier ou à ses ayants droit que si les primes continuent à être payées soit par lui, soit par ces derniers en cas de décès jusqu'à l'époque de l'exigibilité, c'est-à-dire jusqu'au moment où l'ouvrier aurait atteint, s'il eût vécu, l'âge fixé.

Les fonds destinés au paiement de ces retraites seront employés en rentes sur l'État, en valeurs garanties par le Trésor ou de toutes autres façons, ainsi que l'indiquera le règlement d'administration.

Cette institution de retraite, qui fonctionne déjà au profit des employés de préfecture et de sous-préfectures, aura pour effet certain de développer chez l'ouvrier le sentiment de prévoyance qu'il ne possède guère, et si les capitaux ainsi délivrés au début sont peu élevés, ils pourront devenir plus importants par la suite, grâce au bon fonctionnement de la caisse d'assurance, aux capitaux énormes dont elle disposera, et aussi aux versements facultatifs que les assurés ne manqueront pas de faire en prenant sur leurs économies de quoi arrondir leur capital de retraite et assurer le bien-être de leur vieillesse ou de leur famille.

Cette caisse de retraite aura même pour résultat indirect de porter secours à celle qui existe sous la garantie de l'État depuis 1850. Cette caisse, presque inconnue de la classe ouvrière, voit en effet ses opérations diminuer chaque jour et le déficit se creuser. Est-ce la faute de son organisation, est-ce l'imprévoyance des travailleurs qui ne portent pas aux guichets de l'État le fruit de leur labeur, toujours est-il que cette caisse de retraite tombe en ruines et que son but philanthropique est loin d'être atteint. D'après M. Tirard, rapporteur de la commission chargée d'étudier les réformes à introduire dans le fonctionnement de la caisse des retraites, les pertes qu'elle a éprouvées s'élèvent à soixante douze millions en capital et intérêt.

Dans tous les cas, un règlement d'administration publique déterminerait les conditions du paiement de la retraite, les capitaux constitutifs, le mode de liquidation, le système d'organisation financière, l'âge, les déchéances, l'insaisissabilité de la pension, les droits de la communauté conjugale, la forme des inscriptions, le mode d'après lesquels seront faits les versements, etc.

CHAPITRE VIII

CONSTATATION DES ACCIDENTS ET RÉFORME DE LA PROCÉDURE.

En ce qui concerne la constatation des accidents, elle devra être faite dans tous les cas de sinistre, grave ou léger, et dans un délai extrêmement rapproché, par une commission composée d'hommes compétents et qui devra dresser procès-verbal.

D'après nous, cette commission spéciale sera composée du juge de paix comme président, d'un ingénieur ou architecte expert près les tribunaux civil, de commerce et de paix, d'un arbitre-rapporteur au tribunal de commerce, choisi par le juge de paix dans la corporation de l'ouvrier victime de l'accident. Ces arbitres rapporteurs exercent leurs fonctions d'expertise depuis quelques années dans les chambres syndicales.

En ces cas de difficulté, le juge de paix pourra requérir l'adjonction de deux experts supplémentaires.

Cette commission entendra les témoins, examinera l'affaire et dressera un rapport déterminant la cause exacte de l'accident et donnant aussi naissance au paiement de l'indemnité ou à l'action pénale.

Ce rapport devra être soumis à l'assurance dans les quinze jours qui suivront l'accident, sauf augmentation en cas de difficultés, et la caisse devra immédiatement verser l'indemnité, sauf les cas où le rapport conclurait à la faute lourde du patron ou à la faute lourde de l'ouvrier ; notification du dépôt de ce rapport sera faite aux intéressés, lesquels pourront en prendre connaissance à la compagnie.

S'il s'élève une constestation, soit sur l'évaluation de l'indemnité due, soit sur la qualification de faute lourde attribuée à la faute du patron ou de l'ouvrier, laquelle aurait pour effet d'annuler les effets de la police, du moins en ce qui concerne l'accident spécial soumis au rapport de la commission, soit sur toute autre cause, l'action judiciaire devra être intentée dans le délai d un mois à partir de la notification du dépôt du rapport.

Nous nous écartons des projets de loi énumérés plus haut en ce qui touche à la juridiction chargée de juger ces questions spéciales et à la procédure.

Le juge de paix, à qui le projet Nadaud confie le soin de statuer sur ces sortes d'affaires, me semble une garantie insuffisante ; son incompétence est absolue en matière d'accidents industriels. Il faut bien remarquer qu'il s'agira en effet de discuter les termes d'un rapport sérieusement dressé par des hommes de l'art après examen approfondi ; il s'agira en quelque sorte d'une contre-expertise devant peut-être arriver à détruire les conclusions premières. Il importe que la juridiction chargée de ce travail, en grande partie technique, soit choisie parmi des hommes offrant la garantie et de leur intégrité et aussi de leur expérience.

M. Henri Maret propose l'institution d'un jury spécial au chef-lieu de chaque département, présidé par un membre du tribunal de première instance, statuant en premier et dernier ressort. Les mêmes motifs nous obligent à repousser cette innovation ; la compétence de ce jury et de son président nous paraît illusoire.

Enfin le projet de M. Lockroy, conforme à l'avis de la commission parlementaire, a posé en principe que toutes les demandes de la nature de celle qui nous occupe seront jugées comme affaires sommaires.

Nous n'adopterons pas davantage ce système ; d'abord le tribunal civil qui conserve sa juridiction n'offre point la garantie de compétence nécessaire ; en outre, la procédure ne sera point suffisamment élaguée, pour me servir de cette figure , les formalités des procédures sommaires sont encore trop compliquées et trop longues. C'est ainsi que le préliminaire de conciliation, les enquêtes, le rôle d'audience, les vacances, etc. entraîneraient encore des délais préjudiciables.

D'après nous, il y aurait lieu de créer un tribunal spécial, exclusivement chargé des affaires d'accidents professionnels, siégeant tous les jours et composé ainsi qu'il suit: un membre du tribunal de commerce comme président ; un architecte ou ingénieur-expert près les tribunaux ; trois arbitres rapporteurs au tribunal de commerce parmi ceux qui ne feront pas partie de la commission chargée de la constatation des accidents et des rapports. Les fonctions du ministère public seront remplies par un substitut du procureur de la République.

Ce tribunal, ainsi composé, pourra employer tous les moyens d'instruction qui lui paraîtront utiles, si le rapport de la commission et les plaidoieries ne suffisent pas à éclairer sa religion. Ces moyens d'instruction seront dégagés de toute formalité de procédure et le tribunal statuera en dernier ressort.

Ainsi, pour nous résumer, nos principales modifications à la législation actuelle sont : la création d'une assurance obligatoire et d'une caisse de retraite, l'intervention de la Société dans la responsabilité du patron et la participation des contribuables à l'alimentation de la caisse d'assurance ; la création d'un tribunal spécial aux accidents professionnels ; la simplification de la procédure.

Sans prétendre faire œuvre de législateur et présenter une loi complète prête à être mise en pratique ; nous condenserons ces réformes dans un projet. Bien des détails seront à examiner ; c'est pour ainsi dire le squelette de la loi que nous soumettons à l'appréciation de tous ceux qu'intéressent les progrès vraiment humanitaires.

———

CHAPITRE IX

PROJET DE LOI

ARTICLE PREMIER

Une caisse d'assurance contre les accidents professionnels est établie sous le contrôle et la garantie de l'État ; tout patron est obligé d'y assurer ses ouvriers et employés. Les primes, déterminées suivant diverses catégories, seront avancées par l'employeur et récupérées par lui par voie de retenue sur les salaires.

ART. 2

Ces primes seront supportées, savoir : un tiers par l'ouvrier ;
un tiers par le patron ; un tiers par les contribuables ne rentrant pas dans les deux classes ci-dessus. Elles seront établies
par la loi annuelle sur le budget, en ce qui concerne la part à
supporter par les contribuables, au moyen de centimes additionnels à l'impôt mobilier, et recouvrées par l'administration
des contributions directes.

ART. 3

En retirant leur patente, les patrons devront justifier, sous
peine de contravention, qu'ils sont inscrits, eux et leurs
ouvriers, à l'assurance obligatoire. S'ils n'ont pas contracté
l'assurance, outre l'amende à laquelle ils seront condamnés,
ils seront tenus, en cas d'accident, d'indemniser l'ouvrier victime pour la part qu'il eût reçue s'il eût été assuré régulièrement. Ils seront condamnés, en outre, à des dommages-intérêts.

ART. 4

En cas d'accident, le patron devra, dans les vingt-quatre
heures, avertir le juge de paix du canton où l'accident a eu
lieu ; dans les trois jours qui suivront, ce dernier devra constituer une commission composée d'un ingénieur ou architecte-expert près les tribunaux, d'un arbitre rapporteur au tribunal de Commerce ; il présidera cette commission. Dans les
villes ou il n'y aura pas de tribunal de Commerce, la commission sera formée par deux experts.

Cette commission dressera un procès-verbal déterminant la
cause de l'accident dans les quinze jours de sa formation.

Dans le même délai, ce rapport sera soumis à la caisse
d'assurance.

Notification sera faite aux intéressés de ce dépôt dans les
trois jours.

ART. 5

En cas de difficulté, le juge de paix pourra s'adjoindre deux
experts nouveaux.

ART. 6

L'assurance devra verser immédiatement l'indemnité liquidée, sauf les cas où le rapport concluera à la faute lourde du patron ou de l'ouvrier. Dans ce cas, le patron ou l'ouvrier fautif perdra le bénéfice de sa police.

ART. 7

En cas de contestation, l'action devra être intentée dans le délai d'un mois à partir de la notification du dépôt du rapport ; elle sera engagée par assignation à personne sans préliminaire de conciliation.

ART. 8

Il sera créé un tribunal spécial chargé de statuer sur ces contestations ; il sera composé d'un membre du tribunal de Commerce, président ; d'un architecte ou ingénieur-expert, de trois arbitres rapporteurs au tribunal de Commerce pris parmi ceux qui ne feront pas partie de la Commission de constatation. Les fonctions du ministère public seront remplies par un substitut du procureur de la République.

ART. 9

Ce tribunal emploiera tous moyens de constatation supplémentaire, sans procédure spéciale ; il statuera par un jugement motivé, rendu en dernier ressort.

ART. 10

Tout accident entraînant une incapacité permanente du travail professionnel (perte d'un membre) donnera droit à une pension équivalant aux deux tiers du salaire annuel.

ART. 11

En cas de mort, la veuve aura droit à un secours représentant cinq années de la pension à laquelle aurait droit l'ouvrier blessé ; les enfants auront droit à une indemnité représentant la moitié du salaire du défunt jusqu'à leur majorité. La valeur de cette pension sera celle à laquelle aurait eu droit l'ouvrier victime d'un accident entraînant une incapacité permanente de travail.

Si l'ouvrier était célibataire ou veuf sans enfants, le père ou la mère aura droit à la même indemnité que les enfants, jusqu'à leur mort.

ART. 12

En cas d'incapacité temporaire de travail, la victime aura

droit à une pension égale à la moitié de son salaire pendant le temps de la maladie.

ART. 13

La faute lourde entraînera, pour l'accident qui en sera résulté, déchéance de la police ; ce sera, par exemple, l'infraction aux règlements dûment établis, l'ivresse manifeste.

ART. 14

Seront également couverts par l'assurance, sauf l'action correctionnelle, les blessures causées aux ouvriers par un tiers.

ART. 15

Rien n'est modifié par la présente loi à l'action correctionnelle qui pourra être introduite par les parties ou le procureur de la République, conformément aux articles 319 et 320 du Code pénal.

CAISSE DE RETRAITE

ART. 16

Une partie des primes versées à la caisse d'assurance sera distraite de la destination du versement pour former une caisse des retraites au bénéfice des ouvriers parvenus à un certain âge.

ART. 17

Un règlement d'administration publique déterminera le mode d'organisation et d'administration intérieure et financière de la caisse d'assurance, de la caisse de retraite, la liquidation des primes, les capitaux constitutifs de la retraite, le mode de versement, la forme des inscriptions, l'âge des retraités, etc.

ART. 18

Les ouvriers victimes d'accidents professionnels jouiront de plein droit du bénéfice de l'assistance judiciaire pour toute contestation. Un huissier sera désigné par le juge de paix.

Art. 19

Toute convention contraire à la présente loi sera nulle de plein droit et de nul effet.

Disons encore, en terminant, que ce projet n'est qu'une simple esquisse et ne devra être apprécié que comme telle ; l'auteur sera heureux s'il sert seulement à raviver chez nos législateurs le souvenir de ces questions si intéressantes pour le plus grand nombre et qui restent, depuis si longtemps, ensevelies sous la poussière des cartons.

TABLE

253. — Tours, imp. Rouillé-Ladevèze, Deslis frères succr.